Impressum
Verlag: BABADADA GmbH, Nedderfeld 112 , 22529 Hamburg
Geschäftsführer / Verlagsleitung: Harald Hof
Druck: Books on Demand GmbH, In de Tarpen 42, 22848 Norderstedt

Imprint
Publisher: BABADADA GmbH, Nedderfeld 112 , 22529 Hamburg, Germany
Managing Director / Publishing direction: Harald Hof
Print: Books on Demand GmbH, In de Tarpen 42, 22848 Norderstedt

bölmek
divide

186/2

tagta
board

synp otagy
classroom

mekdep howlusy
school yard

mugallym
teacher

kagyz
paper

ÿazmak
write

ruçka
pen

ÿazuw stoly
desk

çyzgyç
ruler

kitap
book

okuwçy
pupil

ranes

satchel

penal

pencil case

galam

pencil

galam artylÿan

pencil sharpener

bozguç

rubber

surat çekmek üçin albom

drawing pad

surat

drawing

çotgajyk

paintbrush

reňkli guty

paint box

gaýçy

scissors

ýelim

glue

depder

exercise book

öý işi

homework

san

number

goşmak

add

aýyrmak

subtract

köpeltmek

multiply

hasaplamak

calculate

harp

letter

elipbiý

alphabet

söz

word

tekst

text

okamak

read

hek

chalk

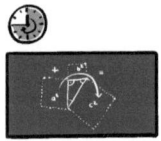

sapak

lesson

synp dergisi

register

synag

examination

diplom

certificate

mekdep lybasy

school uniform

bilim

education

ensiklopediýa

encyclopedia

uniwersitet

university

mikroskop

microscope

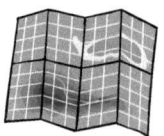

karta

map

kagyz üçin sebet

waste-paper basket

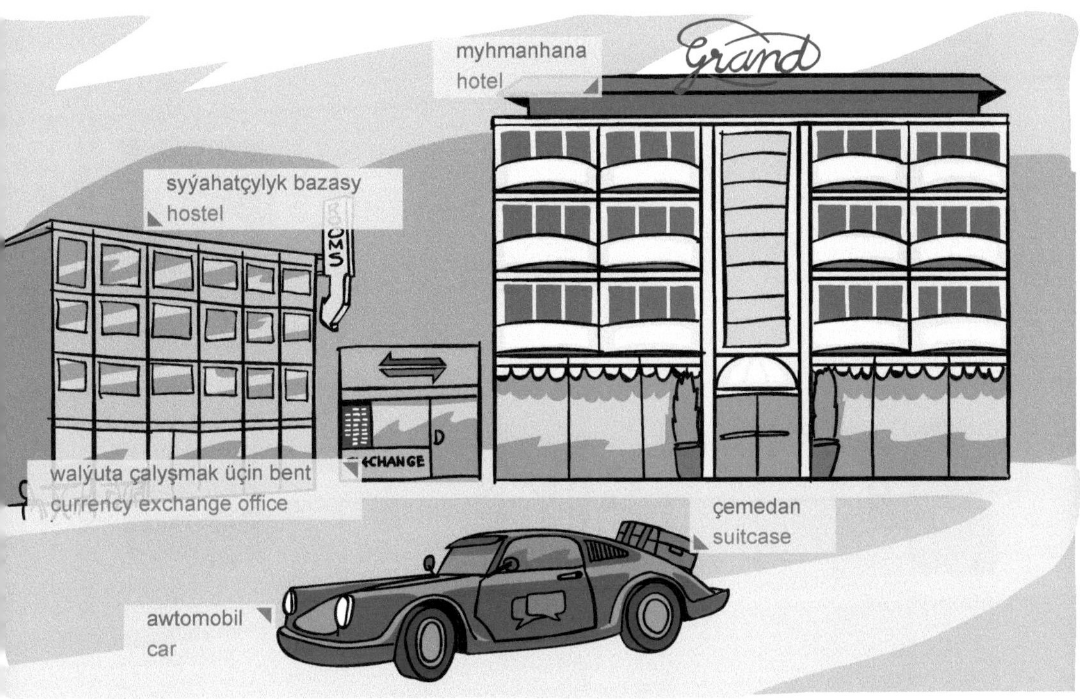

myhmanhana
hotel
Grand
syýahatçylyk bazasy
hostel
ROOMS
EXCHANGE
walýuta çalyşmak üçin bent
currency exchange office
çemedan
suitcase
awtomobil
car

dil

language

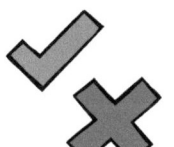

hawwa / ýok

yes / no

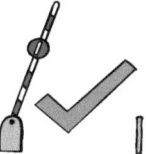

bolýa

Okay

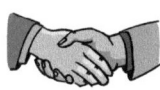

salam

hello

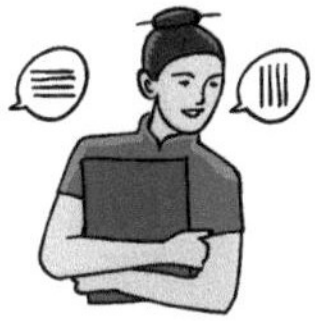

terjimeçi

translator

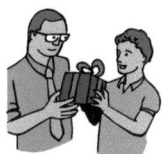

Minnetdar

Thank you

bahasy näçe?

how much is…?

men düşünmeýärin

I don´t get it

mesele

problem

Agşamyňyz haýyr!

Good evening!

Ertiriňiz haýyrly!

Good morning!

Gijäňiz rahat bolsun!

Good night!

görüşýänçäk

goodbye

ugur

direction

ýük

luggage

torba

bag

eginden asylýan torba

backpack

myhman

guest

otag

room

halta ýorgan

sleeping bag

çadyr

tent

syýahatçylyk maglumaty

tourist information

kenarýaka

beach

karz karty

credit card

ertirlik

breakfast

günortanlyk

lunch

agşamlyk

dinner

petek

Ticket

lift

elevator

poçta markasy

stamp

çäk

border

gümrük

customs

ilçihana

embassy

wiza

visa

pasport

passport

transport

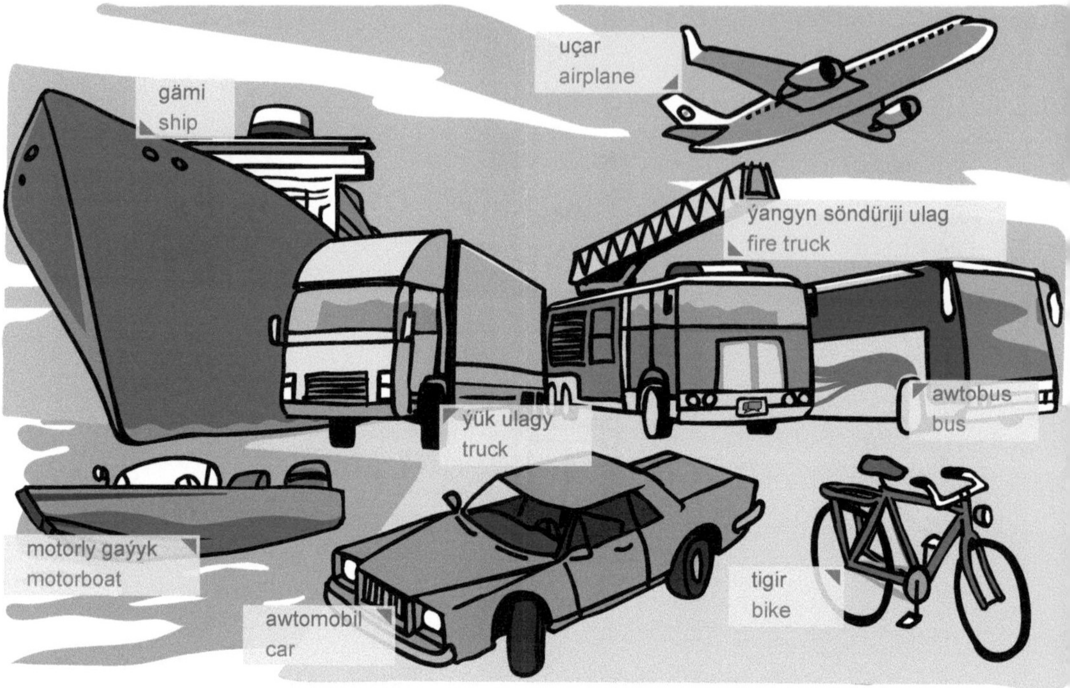
uçar
airplane
gämi
ship
ýangyn söndüriji ulag
fire truck
awtobus
bus
ýük ulagy
truck
motorly gaýyk
motorboat
tigir
bike
awtomobil
car

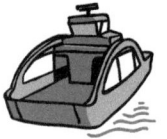

parom

ferry

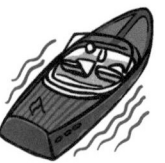

gaýyk

boat

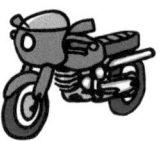

motosikl

motorbike

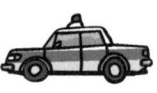

polisiýa ulagy

police car

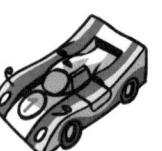

çapyşyk

racing car

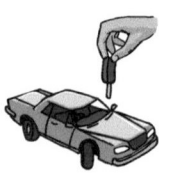

kärendä alnan ulga

rental car

ulagy bilelikde ulanmak

car sharing

tirkeg ulagy

tow truck

zir-zibil daşaýan ulag

garbage truck

hereketlendiriji

engine

ýangyç

fuel

guýma

fuel station

ýol belgisi

traffic sign

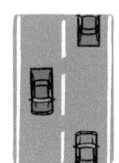

hereket

traffic

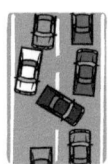

dyky

traffic jam

awtoduralga

parking lot

menzil

train station

seplem

tracks

otly

train

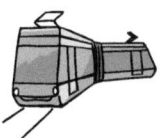

tramwaý

tram

wagon

wagon

dik uçar

helicopter

howa menzili

airport

minara

tower

ýolagçy

passenger

konteýner

container

guty

carton

araba

cart

sebet

basket

uçmak / gonmak

take off / land

city

oba

village

şäher merkezi

city center

öý

house

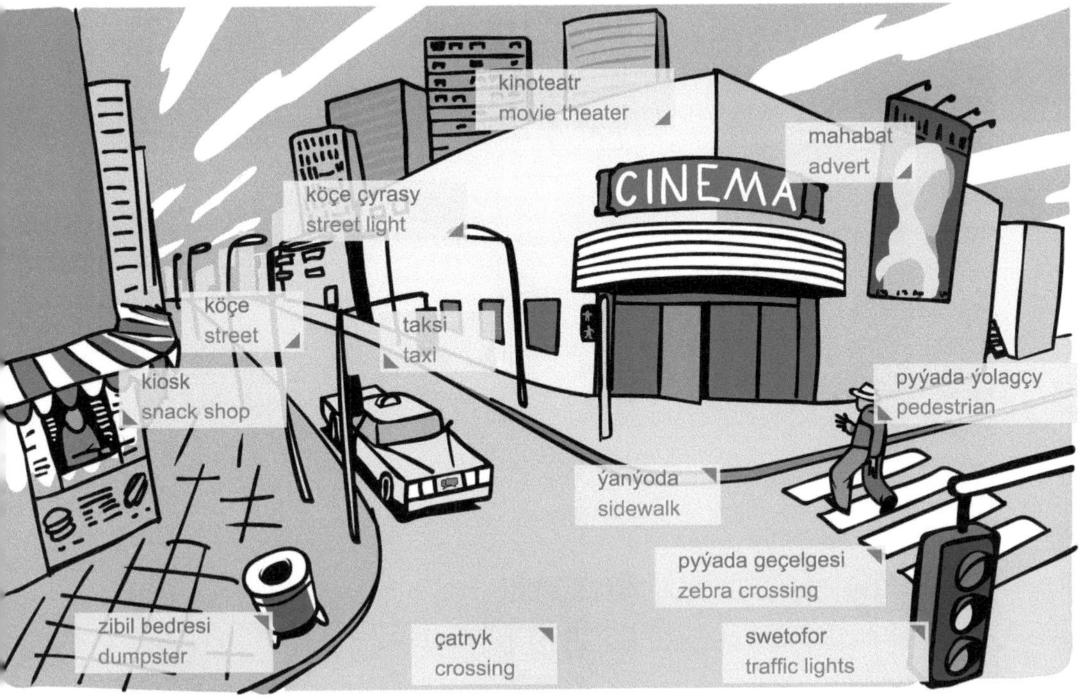
kinoteatr
movie theater
mahabat
advert
CINEMA
köçe çyrasy
street light
köçe
street
taksi
taxi
kiosk
snack shop
pyýada ýolagçy
pedestrian
ýanýoda
sidewalk
pyýada geçelgesi
zebra crossing
zibil bedresi
dumpster
çatryk
crossing
swetofor
traffic lights

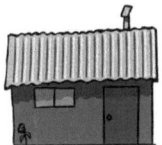

kepbe

hut

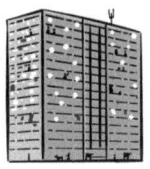

öý

apartment

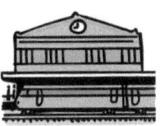

menzil

train station

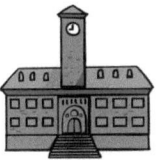

şäher häkimligi

city hall

MUSEUM

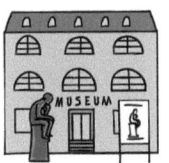

muzeý

museum

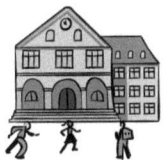

mekdep

school

uniwersitet

university

bank

bank

hassahana

hospital

myhmanhana

hotel

dermanhana

pharmacy

ofis

office

kitap dükany

book shop

dükan

shop

gül dükany

flower shop

supermarket

supermarket

bazar

market

uniwermag

department store

balyk söwdagäri

fishmonger's shop

söwda merkezi

mall

port

harbor

park

park

oturgyç

bench

köpri

bridge

merdiwan

stairs

metro

subway

ötük

tunnel

awtobus

bus stop

bar

bar

restoran

restaurant

poçta gutusy

postbox

köçäni adyny görkezýän
ýazgy

street sign

parkometr

parking meter

haýwanat bagy

zoo

basseýn

swimming pool

metjit

mosque

şäher - city

ferma
farm

daşky gurşawyň
hapalanmagy
pollution

gonamçylyk
cemetery

buthana
church

çaga meýdançasy
playground

ybadathana
temple

landscape

ýaprak
leaf

ýol görkeziji
signpost

ýol
path

ýaýla
meadow

daş
stone

syýahatçy
hiker

aga
tree

derýa
river

ot
grass

gül
flower

dere
valley

dag
hill

köl
lake

tokaý
forest

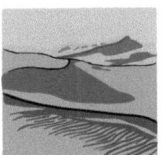

çöl
desert

wulkan
volcano

gulp
castle

älemgoşar
rainbow

kömelek
mushroom

palma agajy
palm tree

çybyn
mosquito

sinek
fly

garynja
ant

bal arysy
bee

möý
spider

tomzak

beetle

gurbaga

frog

awusiýdik

squirrel

kirpi

hedgehog

towşan

hare

baýguş

owl

guş

bird

guw

swan

ýekegapan

boar

sugun

deer

los

moose

bent

dam

şemal generatory

wind turbine

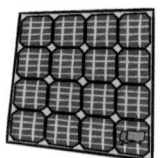

gün batareýasy

solar panel

howa

climate

ofisiant
waiter

menýu
menu

oturgyç
chair

çorba
soup

pizza
pizza

stoluň örtgi matasy
tablecloth

aşhana gap-gaçlary
cutlery

garbanma
starter

esasy tagam
main course

süýjülik
dessert

içgiler
drinks

nahar
food

süýşe
bottle

tiz tagam

fast food

köçe iýmiti

street food

çäýnek, kitir

teapot

şeker gaby

sugar bowl

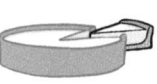

porsiýa

portion

kofe gaýnadyjy

espresso machine

çaga oturgyjy

high chair

hasap

bill

mejme

tray

pyçak

knife

çarşak

fork

çemçe

spoon

çaý çemçesi

teaspoon

salfetka

serviette

bulgur

glass

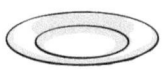

tarelka

plate

çorba tarelkasy

soup plate

tabajyk

saucer

sous

sauce

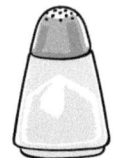

duz gaby

salt shaker

burçy üweýji

pepper mill

sirke

vinegar

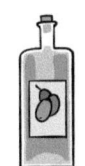

ýag

oil

huruş

spices

ketçup

ketchup

gorçisa

mustard

maýonez

mayonnaise

ýörite teklip
special offer

alyjy
customer

süýt önümleri
dairy products

miweler
fruit

satyn alnan zatlar üçin araba
shopping cart

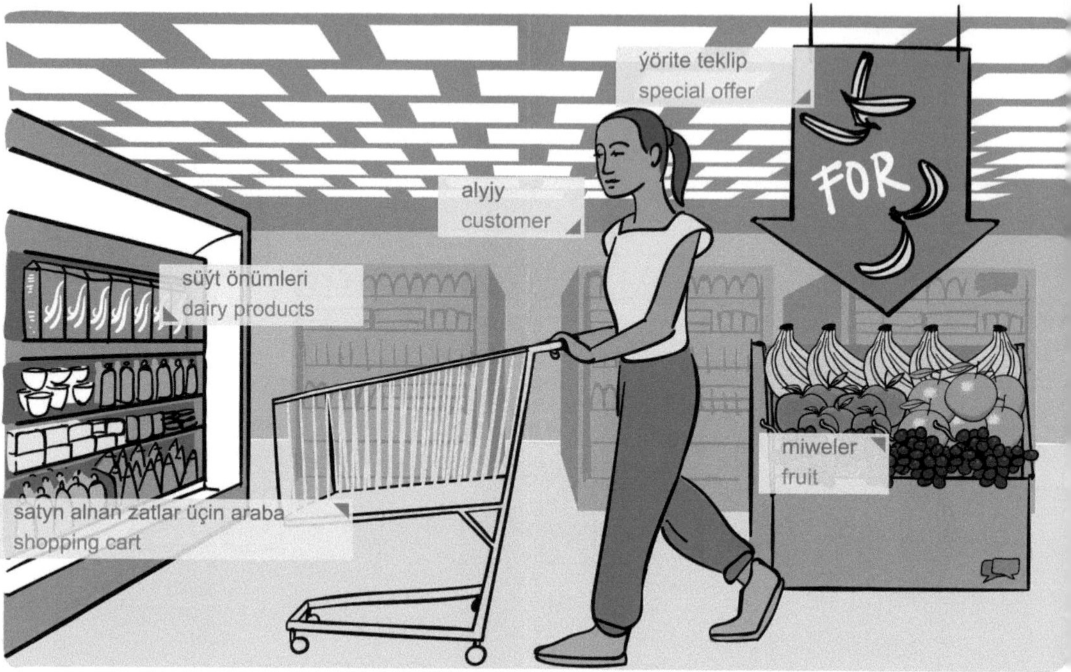

et dükany
butcher's shop

çörek kärhanasy
bakery

ölçemek
weigh

gök önümler
vegetables

et
meat

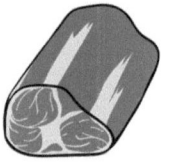

tiz doňýan önümler
frozen food

kesme

cold cuts

konserwirlenen önümler

canned food

kir ýuwujy toz

detergent

süýjülikler

candy

öýde ulanylýan zat

household products

ýuwujy serişde

cleaning products

satyjy aýal

sales representative

kassa

cash register

pulhanaçy

cashier

satyn alynmaly zatlar

shopping list

iş wagty

opening hours

gapjyk

wallet

karz karty

credit card

sumka

bag

polietilen paket

plastic bag

suw

water

şire

juice

süýt

milk

koka-kola

coke

wino

wine

piwo

beer

alkogol

alcohol

kakao

cocoa

çaý

tea

kofe

coffee

espresso

espresso

kapuçino

cappuccino

banan

banana

alma

apple

pyrtykal

orange

garpyz

melon

limon

lemon

käşir

carrot

sarymsak

garlic

bambuk

bamboo

sogan

onion

kömelek

mushroom

hoz

nuts

un aş

noodles

spagetti

spaghetti

tüwi

rice

işdäaçar

salad

gowurylan ýer alma

fries

gowurylan ýer alma

fried potatoes

pizza

pizza

gamburger

hamburger

sendwiç

sandwich

üweme

escalope

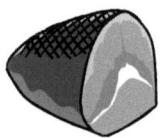

wetçina

ham

salýami

salami

şöhlat

sausage

towuk

chicken

gowrulyp taýýarlanýan nahar

roast

balyk

fish

süle patragy

porridge oats

mýusli

muesli

mekgejöwen patragy

cornflakes

un

flour

kruassan

croissant

bulka

bread roll

çörek

bread

tost

toast

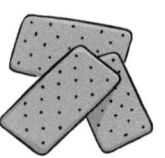

köke

cookies

ýag

butter

dorog

curd

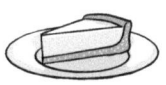

pirog

cake

ýumurtga

egg

heýgenek

fried egg

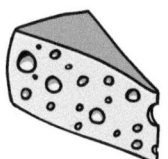

peýnir

cheese

doňdurma

ice cream

şeker

sugar

bal

honey

marmelad

jelly

nogully krem

nougat cream

karri

curry

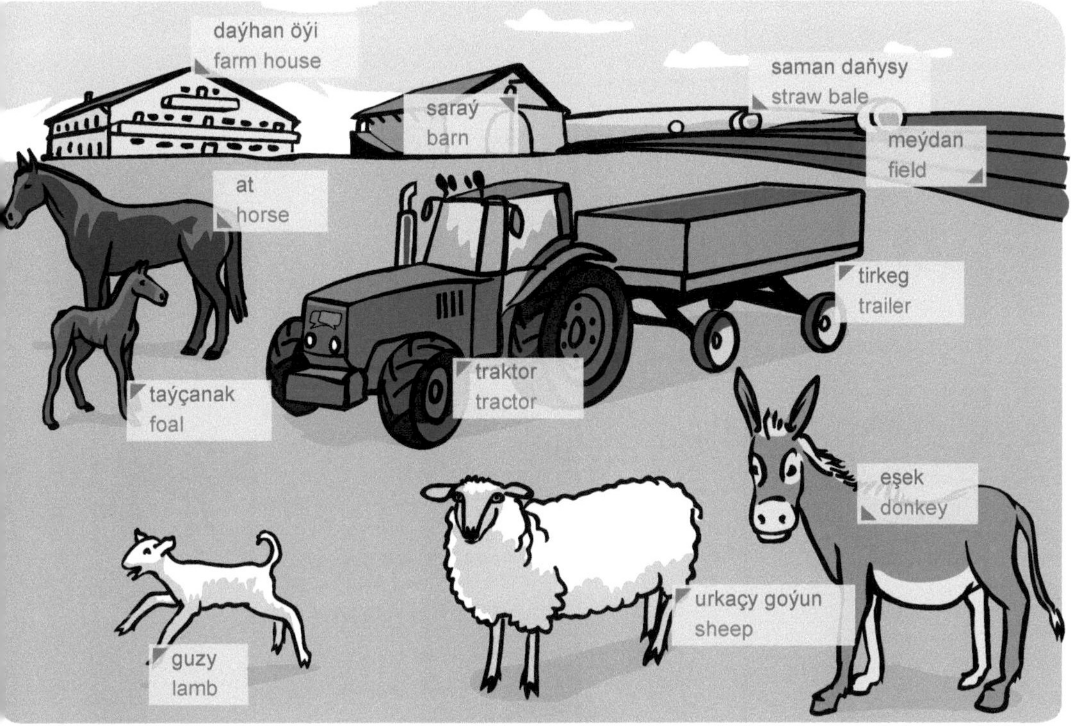

daýhan öýi
farm house

saraý
barn

saman daňysy
straw bale

meýdan
field

at
horse

tirkeg
trailer

taýçanak
foal

traktor
tractor

eşek
donkey

guzy
lamb

urkaçy goýun
sheep

geçi
goat

sygyr
cow

göle
calf

doňuz
pig

jojuk
piglet

öküz
bull

gaz

goose

ördek

duck

jüýje

chick

towuk

hen

horaz

cockerel

alaka

rat

pişik

cat

syçan

mouse

öküz

ox

it

dog

it ýatagy

dog house

bag şlangy

garden hose

guýgyç

watering can

orak

scythe

azal

plow

orak

sickle

kätmen

hoe

dökün çarşagy

pitchfork

palta

axe

galtak

pushcart

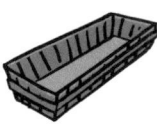

kersen

trough

süýt üçin tüññür

milk can

halta

sack

haýat

fence

çörek

stable

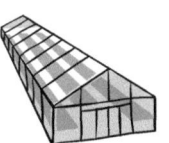

ýyladyşhana

greenhouse

toprak

soil

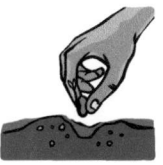

ekin

seed

dökün

fertilizer

kombaýn

combine harvester

hasyl ýygnamak

harvest

galla

harvest

ýams

yams

bugdaý

wheat

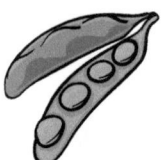

soýa

soya

ýeralma

potato

mekgejöwen

corn

raps

rapeseed

miwe agajy

fruit tree

manioka

manioc

däneli ösümlikler

grain

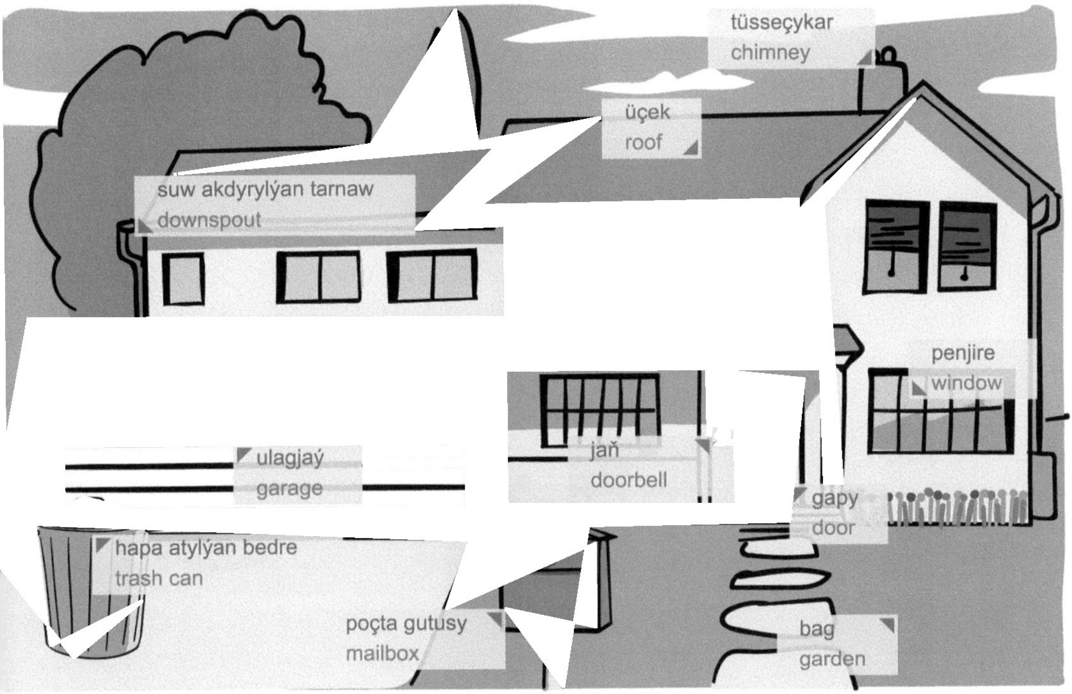

tüsseçykar
chimney

üçek
roof

suw akdyrylýan tarnaw
downspout

penjire
window

ulagjaý
garage

jaň
doorbell

gapy
door

hapa atylýan bedre
trash can

poçta gutusy
mailbox

bag
garden

myhman otagy
living room

wanna otagy
bathroom

aşhana
kitchen

ýatalga otagy
bedroom

çaga otagy
kids room

naharhana
dining room

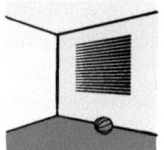

pol
floor

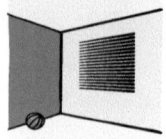

diwar
wall

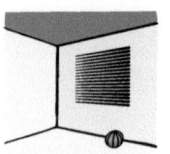

potolok
ceiling

ýerzemin
cellar

hamam
sauna

balkon
balcony

eýwan
terrace

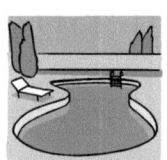

howdan
pool

gazon orujy
lawn mower

ýorgan daşlygy
sheet

örtgi
bedspread

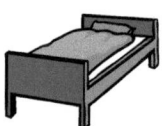

ýatakça
bed

sübse
broom

bedre
bucket

öçüriji
switch

öý - house

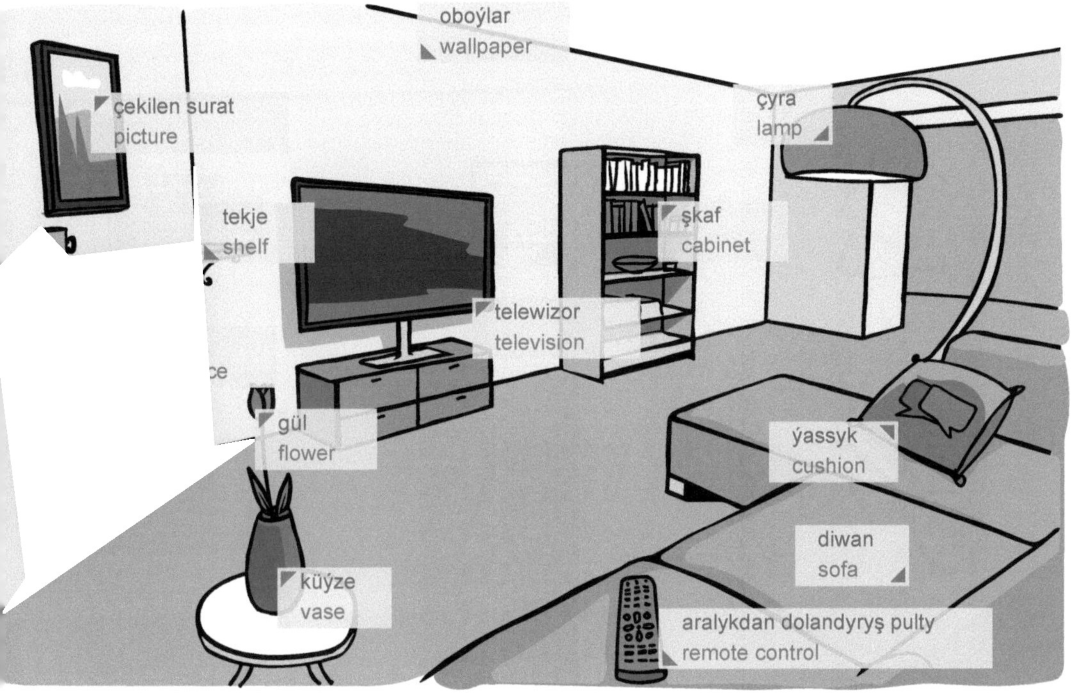

oboýlar
wallpaper

çekilen surat
picture

çyra
lamp

tekje
shelf

şkaf
cabinet

telewizor
television

gül
flower

ýassyk
cushion

diwan
sofa

küýze
vase

aralykdan dolandyryş pulty
remote control

haly

carpet

tuty

drape

stol

table

oturgyç

chair

öňe-yza gaýdýan kürsi

rocking chair

kürsi

armchair

kitap

book

örtgi

blanket

bezeg

decoration

odun

firewood

film

film

stereo ulgam

stereo system

açar

key

gazet

newspaper

surat

painting

ündewsurat

poster

radio

radio

bloknot

notebook

tozan sorujy

vacuum cleaner

kaktus

cactus

şem

candle

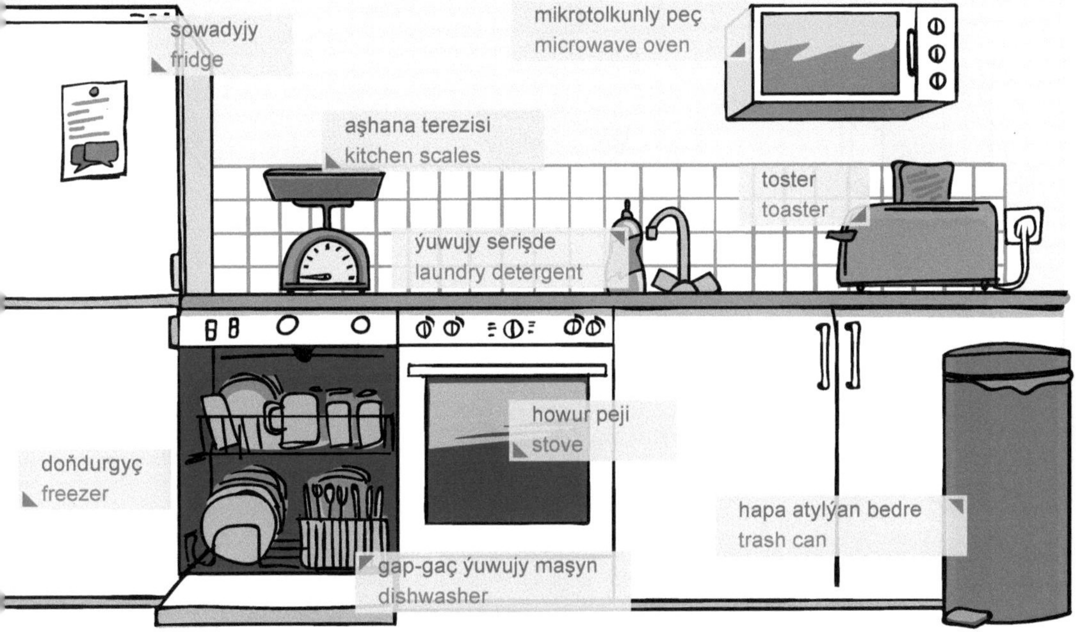

sowadyjy
fridge

mikrotolkunly peç
microwave oven

aşhana terezisi
kitchen scales

toster
toaster

ýuwujy serişde
laundry detergent

howur peji
stove

doňdurgyç
freezer

hapa atylýan bedre
trash can

gap-gaç ýuwujy maşyn
dishwasher

plita
....
cooker

piti
....
pot

çoýun gazany
....
cast-iron pot

wok / kadaý
....
wok / kadai

saç
....
pan

çäýnek, kitir
....
kettle

bugda bişiriji

steamer

protiwen

baking tray

gap-gaç

crockery

kürşge

mug

jam

bowl

nahar iýilýän taýajyklar

chopsticks

susak

ladle

piljagaz

spatula

ýaýylýan maşyn

whisk

elek

strainer

elek

sieve

gyrgyç

grater

soky

mortar

gril

barbecue

ot

fireplace

tagta

chopping board

oklaw

rolling pin

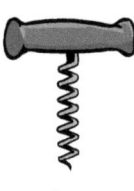

ştopor

corkscrew

tüneke banka

can

konserwa pyçagy

can opener

tutguç

oven cloth

rakowina

sink

çotga

brush

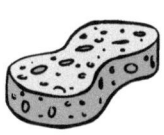

gubka

sponge

mikser

blender

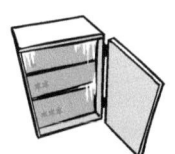

doňdurma kamerasy

deep freezer

çagany iýmitlendirmek üçin çüýşejik

baby bottle

kran

tap

ýyladyş
heating

süpürgiç
towel

duş
shower

duş üçin tuty
shower curtain

köpürjikli wanna
bubble bath

wanna
bathtub

bulgur
glass

kir ýuwulýan maşyn
washing machine

plitka
tiles

kran
tap

küýze
potty

rakowina
sink

hajathana
toilet

polda oturdylýan unitaz
squat toilet

bide
bidet

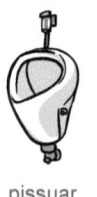

pissuar
urinal

hajathana kagyzy
toilet paper

hajathana çotgasy
toilet brush

diş çotgasy

toothbrush

diş pastasy

toothpaste

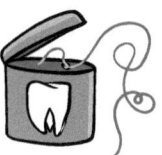

diş sapagy

dental floss

ýuwmak

wash

el duşy

hand shower

şahsy duş

douche

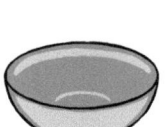

legen

basin

arka üçin çotga

back brush

sabyn

soap

duş üçin gel

shower gel

şampun

shampoo

moçalka

flannel

akyş

drain

krem

creme

dezodorant

deodorant

aýna

mirror

el aýnasy

hand mirror

päki

razor

sakgal syrmak üçin köpürjik

shaving foam

sakgal syrylanyndan soňky
losýon

aftershave

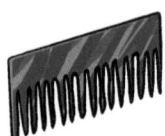

darak

comb

çotga

brush

fen

hair-dryer

saç üçin lak

hairspray

kosmetika

makeup

dodaga çalynýan reňk

lipstick

dyrnaga çalynýan reňk

nail varnish

pamyk

cotton wool

manikýur gaýçysy

nail scissors

atyr

perfume

kosmetika üçin gutujyk

washbag

oturgyç

stool

terezi

weighing scales

halat

bathrobe

rezin ellik

rubber gloves

tampon

tampon

gigiýena prokladkasy

sanitary towel

biohajathana

chemical toilet

kids room

oýaryjy
alarm clock
ýumşak oýnawaç
cuddly toy
oýnawaç awtoulag
toy car
şakyrdawukly oýnawaç
rattle
gurjak öýi
doll's house
sowgat
present

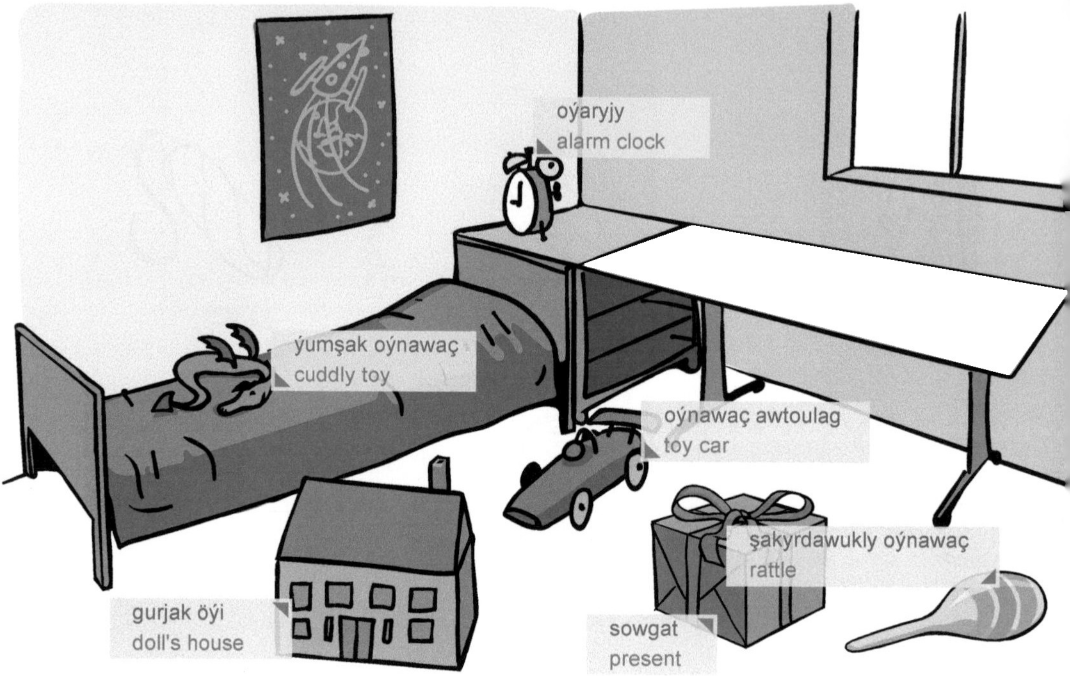

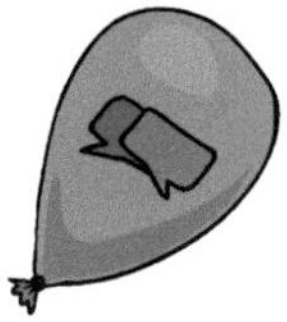

howaly şar

balloon

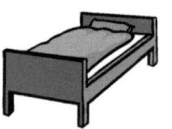

ýatakça

bed

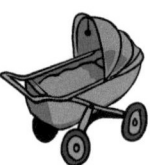

çaga arabasy

stroller

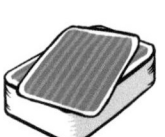

kart oýny

deck of cards

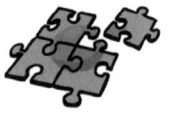

pazl

jigsaw

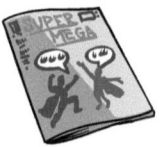

komiks

comic

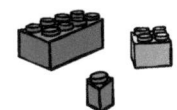

Lego kerpiçleri

lego bricks

kubikler

toy blocks

oýnawaç şekil

action figure

çagalar üçin joraply balak

romper suit

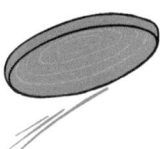

frisbi

frisbee

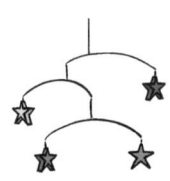

mobile

mobile

stolüsti oýun

board game

kubik

dice

demir ýolunyň modeli

model train set

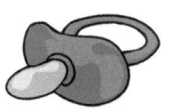

soska

pacifier

şagalaň

party

şekilli kitap

picture book

top

ball

gurjak

doll

oýnamak

play

çäge aýmança

sandpit

hiňňildik

swing

oýnawaç

toys

oýun pristawkasy

video game console

üç tigirli welosiped

tricycle

plýuşadan aýyjyk

teddy bear

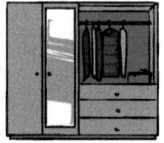

egin-eşik üçin şkaf

wardrobe

clothing

jorap

socks

çulki

stockings

kolgotka

tights

şarf
scarf

saýawan
umbrella

kemer
belt

futbolka
t-shirt

ädik
boots

öý şypbygy
slippers

krossowka
sneakers

sandaliýa
sandals

aýakgap
shoes

rezin ädik
rubber boots

türsük
underwear

göwüslik
bra

maýka
undershirt

bodi

body

jalbar

pants

jins

jeans

ýubka

skirt

bluzka

blouse

köýnek

shirt

switer

pullover

switer

sweater

sport keltekçesi

blazer

žaket

jacket

palto

coat

plaş

raincoat

kostýum

costume

köýnek

dress

toý köýnegi

wedding dress

erkek üçin kostýum

suit

ýatyş köýnegi

nightgown

pižama

pajamas

sari

sari

ýaglyk

headscarf

selle

turban

perenji

burka

kaftan

kaftan

abaýa

abaya

suwa düşmek üçin lybas

swimsuit

plawki

trunks

şorty

shorts

sport lybasy

tracksuit

öňlük

apron

ellik

gloves

ilik

button

äýnek

glasses

bilezik

bracelet

zynjyr

necklace

ýüzük

ring

syrga

earring

papak

cap

geýim asgyç

coat hanger

şlýapa

hat

galstuk

tie

syrma

zip

şlem

helmet

egnaşyr kemer

braces

mekdep lybasy

school uniform

lybas

uniform

çaga döşlügi

bib

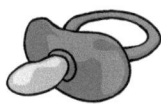

soska

pacifier

arlyk

diaper

serwer
server

kanselýariýa şkafy
filing cabinet

printer

kagyz
paper

monitor
monitor

syçanjyk
mouse

klawiatura
board

kagyz üçin sebet
waste-paper basket

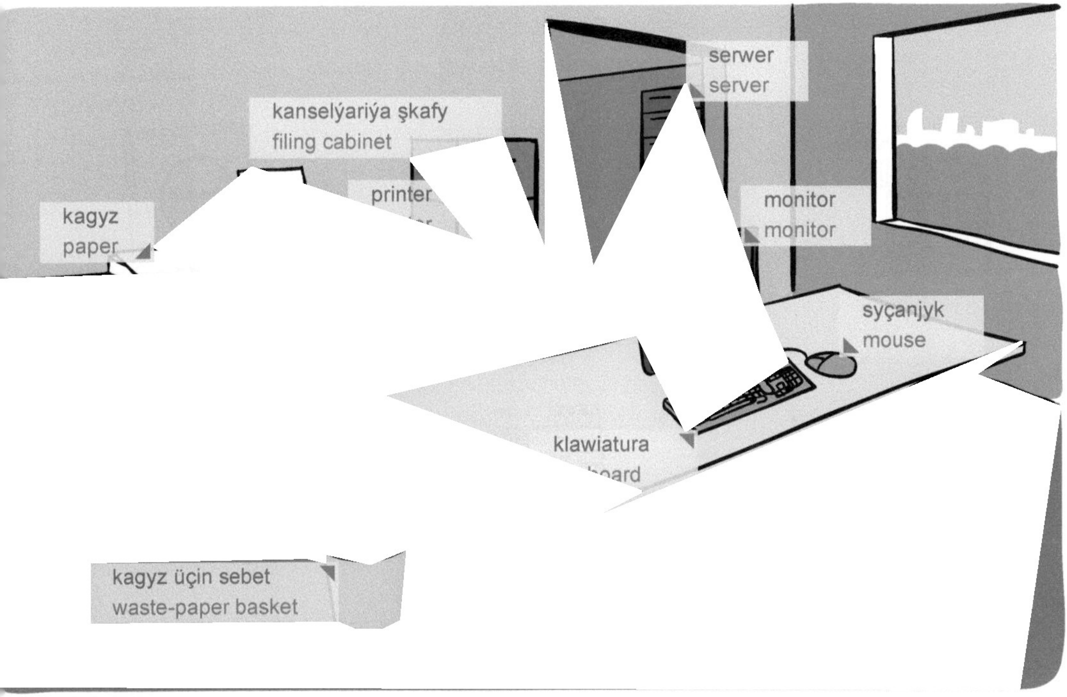

kofe kružkasy

coffee mug

kalkulýator

calculator

internet

internet

ofis - office   49

noutbuk

laptop

hat

letter

habar

message

öýjükli telefon

cell phone

tor

network

kseroks

photocopier

programma

software

telefon

telephone

rozetka

plug socket

faks

fax machine

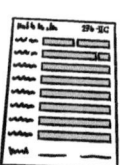

formulýar

form

resminama

document

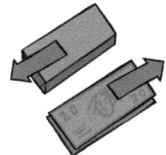

satyn almak

buy

tölemek

pay

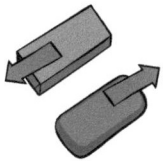

söwda etmek

trade

pul

money

dollar

dollar

ýewro

euro

iena

yen

rubl

rouble

frank

Swiss franc

ženminbi ýuan

renminbi yuan

rupiýa

rupee

bankomat

cash point

walýuta çalyşmak üçin bent

currency exchange office

altyn

gold

kümüş

silver

nebit

oil

energiýa

energy

baha

price

şertnama

contract

salgyt

tax

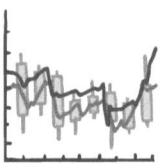

paýnama

stock

işlemek

work

gullukçy

employee

iş beriji

employer

fabrik

factory

dükan

shop

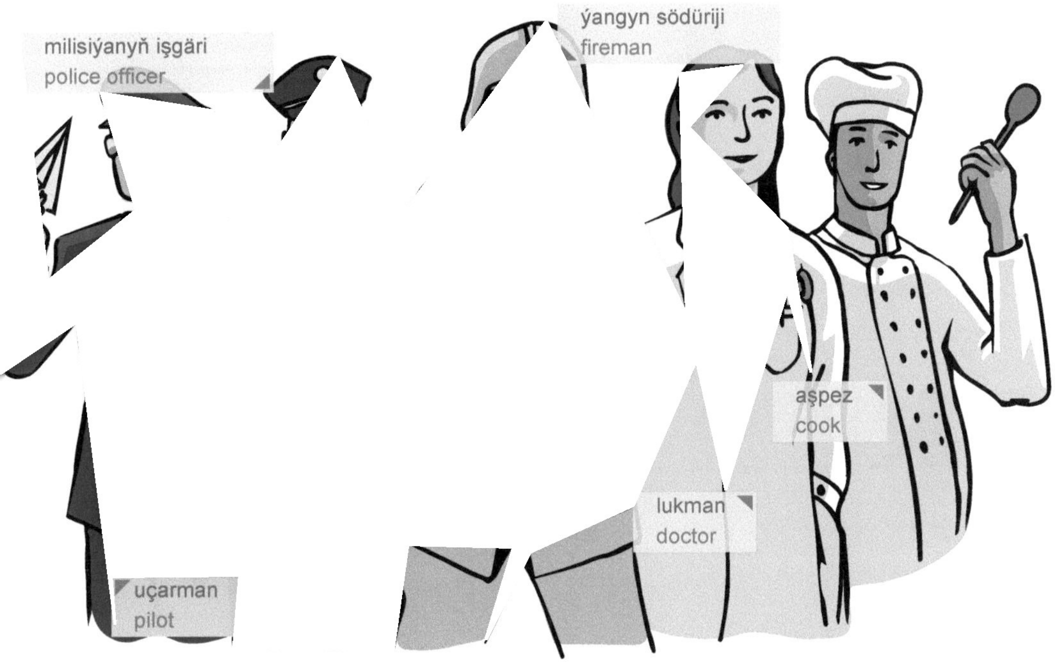

milisiýanyň işgäri
police officer

ýangyn södüriji
fireman

aşpez
cook

lukman
doctor

uçarman
pilot

bagban
gardener

agaç ussasy
carpenter

tikinçi
seamstress

kazy
judge

himik
chemist

aktýor
actor

awtobus sürüjisi

bus driver

taksiçi

taxi driver

balykçy

fisherman

tam süpüriji

cleaning lady

üçek basyrýan ussa

roofer

ofisiant

waiter

awçy

hunter

suratçy

painter

çörekçi

baker

elektrik

electrician

gurluşykçy

builder

inžener

engineer

gassap

butcher

santehnik

plumber

hatçy

postman

esger

soldier

binagär

architect

pulhanaçy

cashier

floraçy

florist

dellekçi

hairdresser

konduktor

conductor

mehanik

mechanic

kapitan

captain

diş lukmany

dentist

alym

scientist

rawwin

rabbi

imam

imam

monah

monk

ruhany

pastor

tools

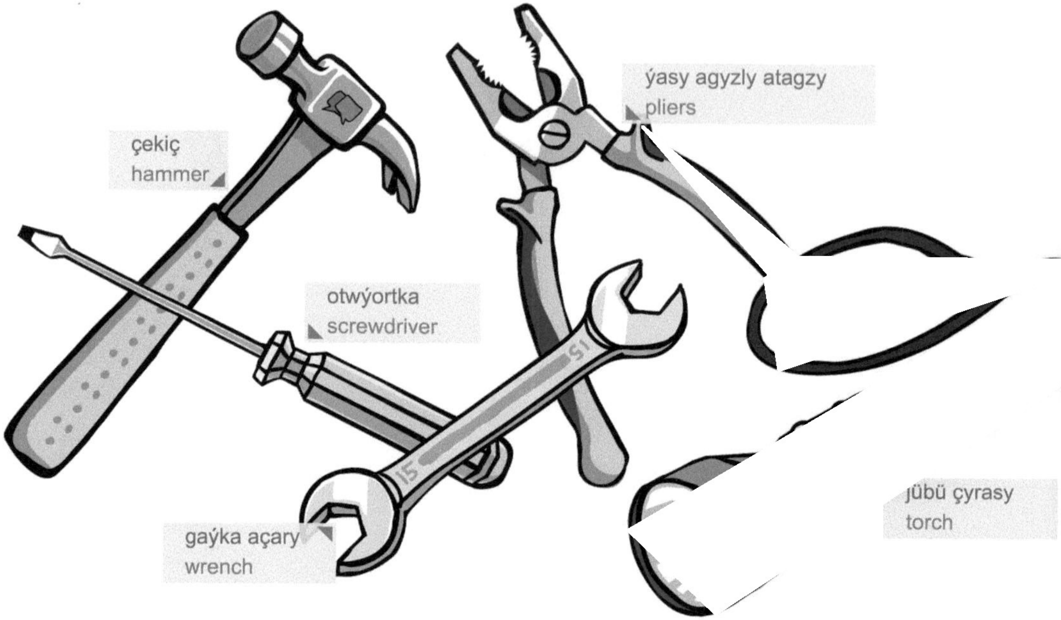

çekiç
hammer
ýasy agyzly atagzy
pliers
otwýortka
screwdriver
gaýka açary
wrench
jübü çyrasy
torch

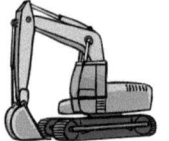

ekskawator
excavator

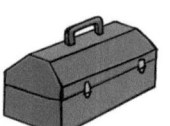

gurallar üçin gap
toolbox

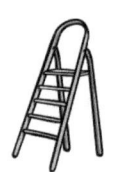

merdiwan
ladder

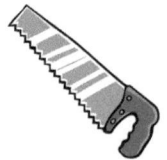

byçgy
saw

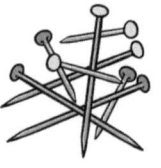

çüýler
nails

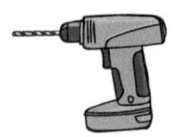

drel
drill

abatlamak	**pil**	**Bolmandyr!**
repair	shovel	Damn!

susguç	**boýagly bedre**	**nurbatlar**
dustpan	paint can	screws

musical instruments

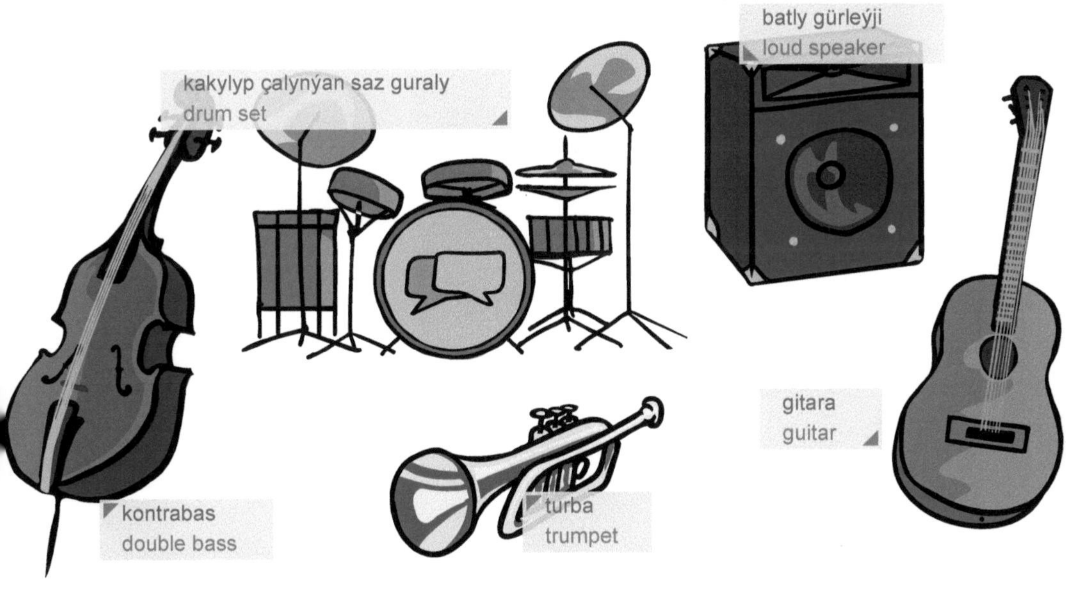

batly gürleýji
loud speaker

kakylyp çalynýan saz guraly
drum set

gitara
guitar

kontrabas
double bass

turba
trumpet

pianino

piano

skripka

violin

bas-gitara

bass

nagara

timpani

deprek

drums

sintezator

keyboard

saksafon

saxophone

fleýta

flute

mikrofon

microphone

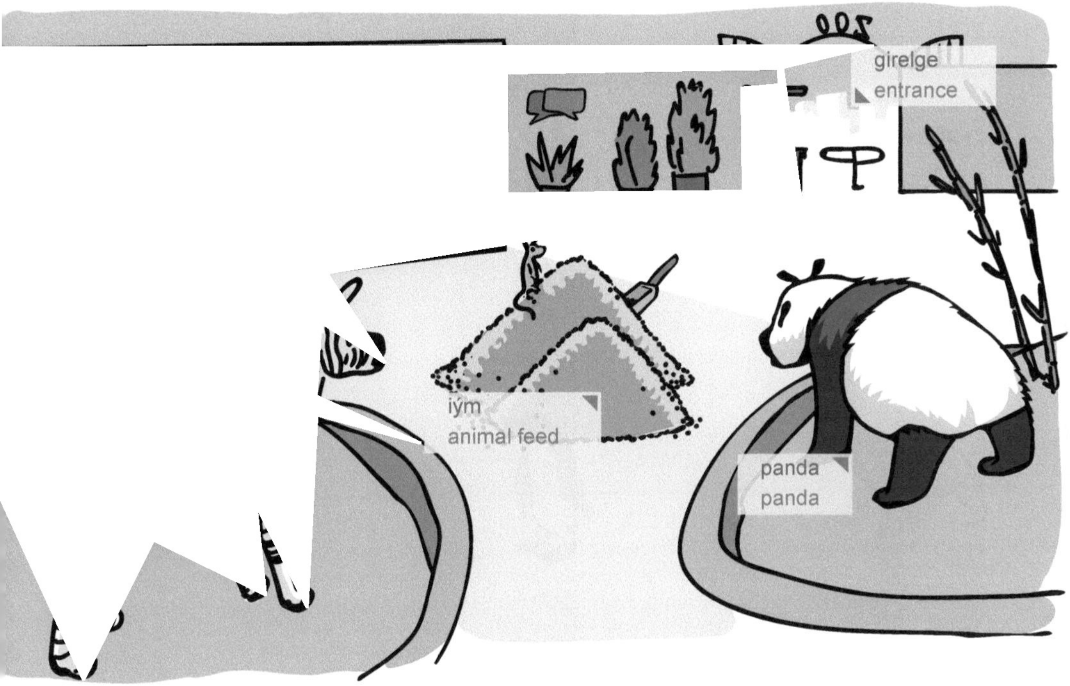

girelge
entrance

iým
animal feed

panda
panda

haýwanlar

animals

pil

elephant

kenguru

kangaroo

nosorog

rhino

gorilla

gorilla

aýy

bear

düýe

camel

düýeguş

ostrich

ýolbars

lion

maýmyn

monkey

gyzylinjik

flamingo

hindiguş

parrot

ak aýy

polar bear

pingwin

penguin

akula

shark

tawus

peacock

ýylan

snake

krokodil

crocodile

haýwanat bagynyň
gullukçysy

zookeeper

düwlen

seal

ýaguar

jaguar

poni

pony

gaplaň

leopard

begemot

hippo

žiraf

giraffe

bürgüt

eagle

ýekegapan

boar

balyk

fish

pyşbaga

turtle

suwpişik

walrus

tilki

fox

jeren

gazelle

amerikan
American football

tigir sürmek
cycling

tennis
tennis

basketbol
basketball

ýüzme
swimming

hokkeý
ice hockey

boks
boxing

futbol
soccer

badminton
badminton

ýeňil atletika
athletics

gandbol
handball

lyža sporty
skiing

polo
polo

gülmek
laugh

bökmek
jump

gujaklamak
hug

gitmek
walk

aýdym aýtmak
sing

arzuw etmek
dream

dilemek
pray

öpmek
kiss

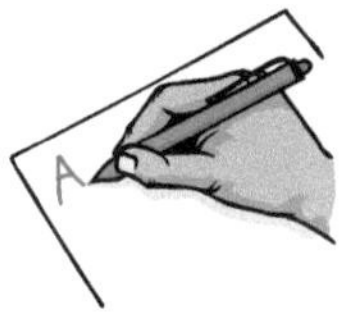

ýazmak

write

surat çekmek

draw

görkezmek

show

basmak

push

bermek

give

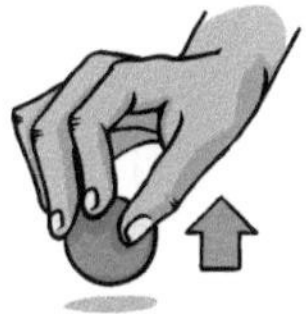

almak

take

eýe bolmak

have

etmek

do

bolmak

be

durmak

stand

ylgamak

run

çekmek

pull

taşlamak

throw

gaçmak

fall

ýatmak

lie

garaşmak

wait

götermek

carry

oturmak

sit

geýmek

get dressed

ýatmak

sleep

oýanmak

wake up

görmek

look at

aglamak

cry

sypalamak

stroke

daramak

comb

gürlemek

talk

düşünmek

understand

soramak

ask

diñlemek

listen

içmek

drink

iýmek

eat

tertipleşdirmek

tidy up

söýmek

love

taýýarlmak

cook

gitmek

drive

uçmak

fly

ýelkeni ýaýyp gitmek

sail

hasaplamak

calculate

okamak

read

okamak

learn

işlemek

work

nikalaşmak

marry

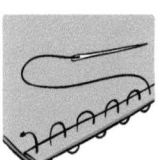

dikmek

sew

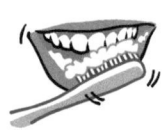

dişiňi arassalamak

brush teeth

öldürmek

kill

çilim çekmek

smoke

ugratmak

send

ene
grandmother

ata
grandfather

kaka
father

eje
mother

bäbek
baby

gyz
daughter

ogul
son

myhman
guest

daýza
aunt

daýy
uncle

aga
brother

uýa
sister

body

maňlaý
forehead
göz
eye
egin
shoulder
barmak
finger
ýüz
face
äň
chin
penje
hand
döş
breast
aýak
leg
el
arm

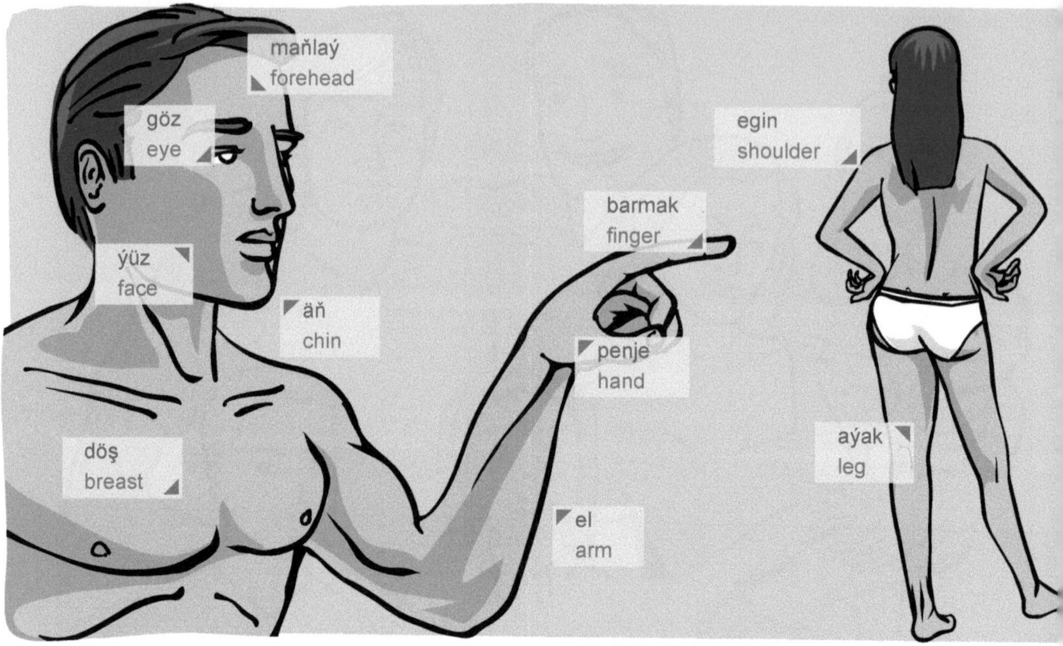

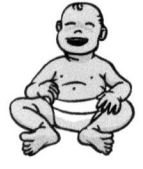

bäbek

baby

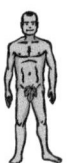

erkek

man

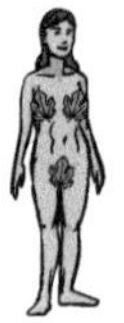

aýal

woman

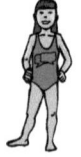

gyz

girl

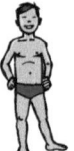

oglan

boy

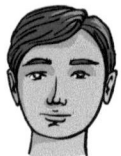

kelle

head

arka

back

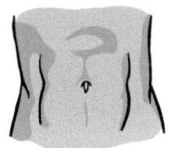

garyn

belly

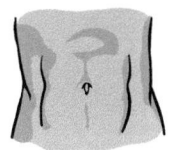

göbek

navel

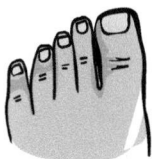

aýak barmagy

toe

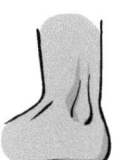

ökje

heel

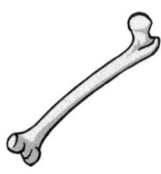

süňk

bone

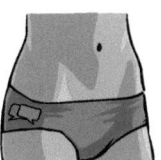

but

hip

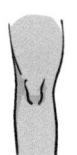

dyz

knee

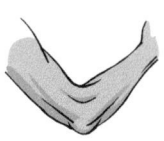

tirsek

elbow

burun

nose

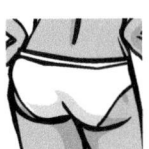

ýanbaş

buttocks

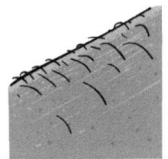

deri

skin

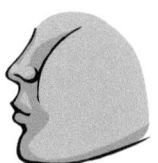

ýaňak

cheek

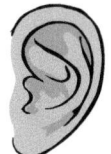

gulak

ear

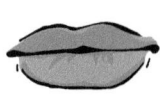

dodak

lip

ten - body

agyz

mouth

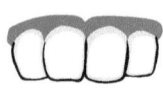

diş

tooth

dil

tongue

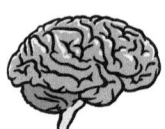

beýni

brain

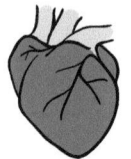

ýürek

heart

myşsa

muscle

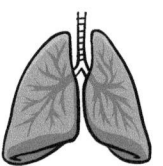

öýken

lung

bagyr

liver

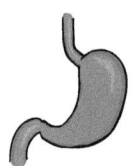

aşgazan

stomach

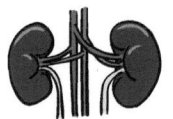

böwrek

kidneys

jyns ýakynlygy

sex

prezerwatiw

condom

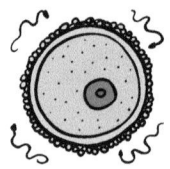

erkeklik jyns öýjügi

ovum

tohumlyk

semen

göwrelilik

pregnancy

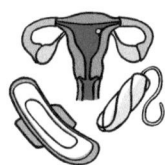

bil açylma

menstruation

wagina

vagina

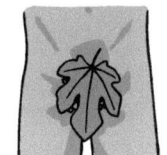

erkek jyns agzasy

penis

gaş

eyebrow

saç

hair

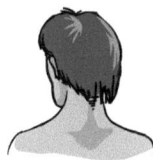

boýun

neck

hassahana
hospital

döwük
fracture

lukman

doctor

ilkinji kömek nokady

emergency room

şepagat uýasy

nurse

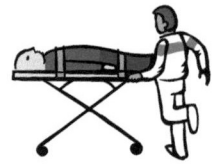

gaýragoýulmasyz ýagdaý

emergency

özüni bilmän

unconscious

agyry

pain

zeper ýetme

injury

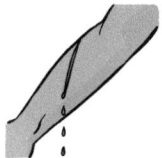

gan akmasy

bleeding

infarkt

heart attack

insult

stroke

allergiýa

allergy

üsgülik

cough

ýokarlanan temperatura

fever

dümew

flu

içgeçme

diarrhea

kelle agyrysy

headache

rak

cancer

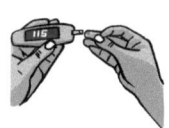

diabet

diabetes

hirurg

surgeon

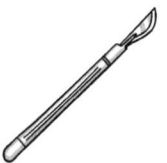

skalpel

scalpel

operasiýa

operation

iýmit siňdirýän ortlaryň jemi

CT

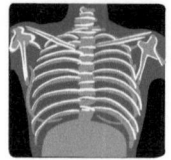

rentgen

x-ray

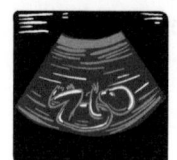

ultrases

ultrasound

maska

face mask

kesel

disease

kabulhana

waiting room

pişek

crutch

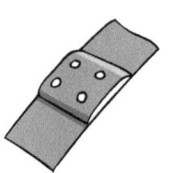

plastyr

plaster

bint

bandage

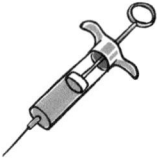

sanjym

injection

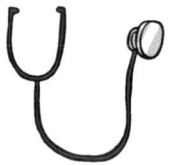

stetoskop

stethoscope

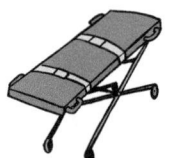

zemmer

stretcher

termometr

clinical thermometer

dogluş

birth

artykmaç agram

overweight

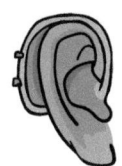

eşidiş abzaly

hearing aid

zyýansyzlandyryjy serişde

disinfectant

ýokanç

infection

wirus

virus

WIÇ/ AIDS

HIV / AIDS

derman

medicine

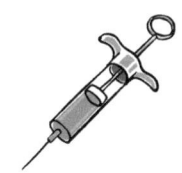

öňüni alyş sanjymy

vaccination

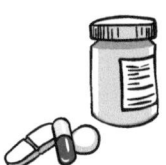

gerdejikler

tablets

göwreli bolmakdan goraýan
gerdejik

pill

gaýragoýulmasyz çagyryş

emergency call

gan basyşyny ölçeýji abzal

blood pressure monitor

näsag / sagdyn

ill / healthy

Kömek ediň!

Help!

howsala signaly

alarm

çozuş

assault

hüjüm

attack

howp

danger

ätiýaçlyk çykalgasy

emergency exit

Ýangyn!

Fire!

ot söndürijisi

fire extinguisher

betbagtçylykly ýagdaý

accident

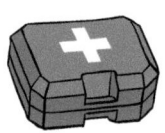

derman gutujygy

first-aid kit

SOS

SOS

milisiýa

police

Ýewropa

Europe

Demirgazyk Amerika

North America

Günorta Amerika

South America

Afrika

Africa

Aziýa

Asia

Awstraliýa

Australia

Atlantika ummany

Atlantic

Ýuwaş umman

Pacific

Hindi ummany

Indian Ocean

Antarktika ummany

Antarctic Ocean

Demirgazyk Buzly umman

Arctic Ocean

Demirgazyk polýusy

North pole

Günorta polýusy

South pole

Antarktida

Antarctica

zemin

earth

gury ýer

land

deñiz

sea

ada

island

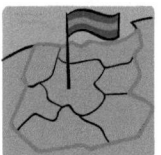

millet

nation

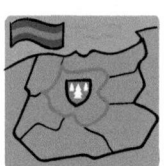

döwlet

state

siferblat

clock face

sagadyň dili

hour hand

minut görkezýän dil

minute hand

sekundy görkezýän dil

second hand

sagat näçe?

What time is it?

gün

day

wagt

time

häzir

now

elektron sagady

digital watch

minut

minute

sagat

hour

week

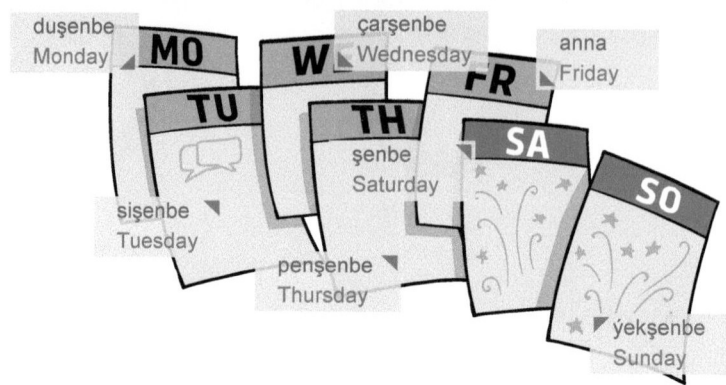

duşenbe — Monday
çarşenbe — Wednesday
anna — Friday
sişenbe — Tuesday
şenbe — Saturday
penşenbe — Thursday
ýekşenbe — Sunday

düýn
....
yesterday

şu gün
....
today

ertir
....
tomorrow

säher
....
morning

günortan
....
noon

agşamlyk
....
evening

MO	TU	WE	TH	FR	SA	SU
1	2	3	4	5	6	7
8	9	10	11	12	13	14
15	16	17	18	19	20	21
22	23	24	25	26	27	28
29	30	31	1	2	3	4

iş günler
....
workdays

MO	TU	WE	TH	FR	SA	SU
1	2	3	4	5	6	7
8	9	10	11	12	13	14
15	16	17	18	19	20	21
22	23	24	25	26	27	28
29	30	31	1	2	3	4

dynç günler
....
weekend

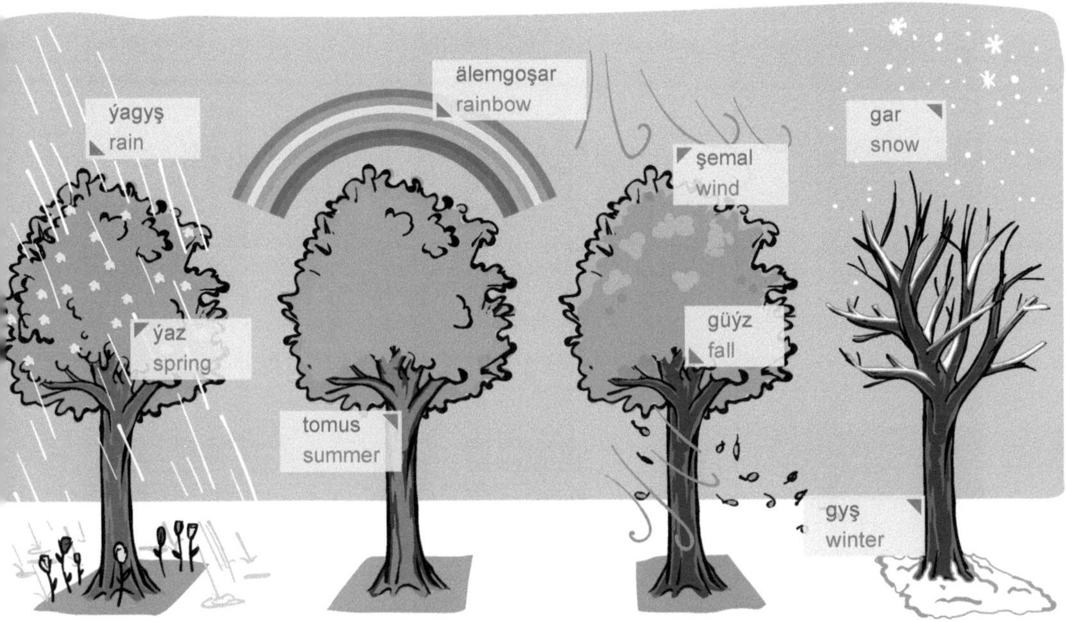

ýagyş
rain
älemgoşar
rainbow
şemal
wind
gar
snow
ýaz
spring
tomus
summer
güýz
fall
gyş
winter

4.APRIL 11°
5.APRIL 4°
6.APRIL 13°
7.APRIL 8°
8.APRIL 10°

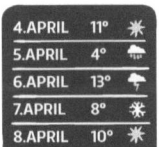

howa maglumaty
weather forecast

F C
120 40
30
90 20
60 10
30 0
0 -10
-30 -20

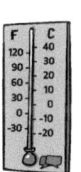

termometr
thermometer

gün ýagtylygy
sunshine

gara bulut
cloud

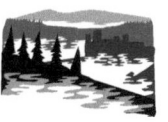

ümür
fog

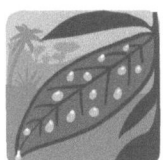

howanyň çyglylygy
humidity

ýyldyrym

lightning

gök gümmürdisi

thunder

tupan

storm

doly

hail

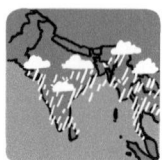

musson

monsoon

suw alma

flood

buz

ice

ýanwar

January

fewral

February

mart

March

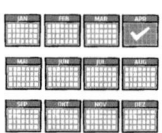

aprel

April

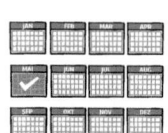

maý

May

iýun

June

iýul

July

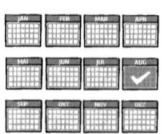

awgust

August

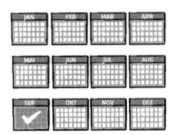

sentýabr
....
September

oktýabr
....
October

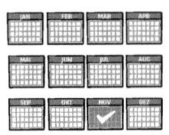

noýabr
....
November

dekabr
....
December

tegelek
....
circle

kwadrat
....
square

göniburçluk
....
rectangle

üçburçluk
....
triangle

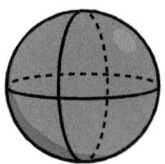

şar
....
sphere

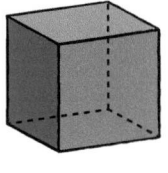

kub
....
cube

ak

white

sary

yellow

mämişi

orange

gülgüne

pink

gyzyl

red

liliýa reňkli

purple

gök

blue

ýaşyl

green

goňur

brown

çal

gray

gara

black

köp / az

a lot / a little

gazaply / asuda

angry / calm

owadan / betnyşan

beautiful / ugly

başy / soňy

beginning / end

uly / kiçi

big / small

açyk / garaňky

bright / dark

oglan dogan / gyz dogan

brother / sister

arassa / hapa

clean / dirty

doly / doly däl

complete / incomplete

gündiz / gije

day / night

jansyz / diri

dead / alive

giň / dar

wide / narrow

iýilýän / iýilmeýän

edible / inedible

gaharly / dostlukly

evil / kind

tolgunly / tukat

excited / bored

çişik / hor

fat / thin

başda / soňunda

first / last

dost / duşman

friend / enemy

doly / boş

full / empty

berk / ýumşak

hard / soft

agyr / ýeňil

heavy / light

açlyk / teşnelik

hunger / thirst

näsag / sagdyn

ill / healthy

bikanun / kanuny

illegal / legal

akyly / akmak

intelligent / stupid

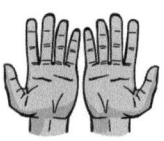

çepde / sagda

left / right

ýakyn / daş

near / far

täze / ulanylan

new / used

hiç zat / bir zat

nothing / something

garry / ýaş

old / young

ýakylan / söndürilen

on / off

açyk / ýapyk

open / closed

ýuwaş / gaty

quiet / loud

baý / garyp

rich / poor

dogry / nädogry

right / wrong

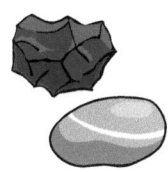

büdür-südür / tekiz

rough / smooth

gamgyly / şatlykly

sad / happy

gysga / uzyn

short / long

haýal / tiz

slow / fast

öl / gury

wet / dry

ýyly / sowuk

warm / cool

uruş / parahatçylyk

war / peace

garşylykly - opposites

numbers

0

nul
zero

1

bir
one

2

iki
two

3

üç
three

4

dört
four

5

bäş
five

6

alty
six

7

ýedi
seven

8

sekiz
eight

9

dokuz
nine

10

on
ten

11

on bir
eleven

sanlar - numbers

12

on iki

twelve

13

on üç

thirteen

14

on dört

fourteen

15

on bäş

fifteen

16

on alty

sixteen

17

on ýedi

seventeen

18

on sekiz

eighteen

19

on dokuz

nineteen

20

ýigrimi

twenty

100

ýüz

hundred

1.000

müň

thousand

1.000.000

million

million

iňlis

English

amerikan iňlis

American English

mandarin hytaý

Chinese Mandarin

hindi

Hindi

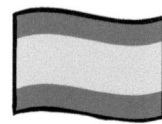

ispan

Spanish

fransuz

French

arap

Arabic

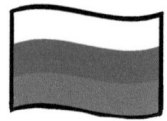

rus

Russian

portugal

Portuguese

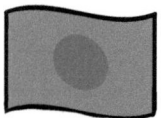

bengal

Bengali

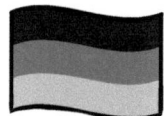

nemes

German

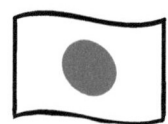

ýapon

Japanese

men
I

sen
you

ol (oglan) / ol (gyz) / ol (jansyz zat)
he / she / it

biz
we

siz
you

olar
they

kim?
who?

näme?
what?

nähili?
how?

nirede?
where?

haçan?
when?

ady
name

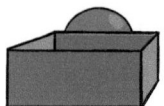

yzynda

behind

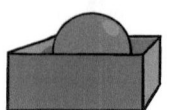

içinde

in

öñünde

in front of

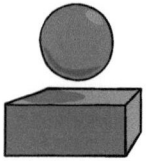

bir zadyň üsti

over

üstünde

on

aşagynda

under

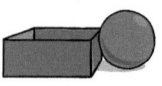

ýanynda

beside

arasynda

between

ýer

place